Iris Wolff

Einladung ins Ungewisse

Wurzeln und Einbäume

THELEM

© Andreas Thies

Iris Wolff

EINLADUNG INS UNGEWISSE

LUFTWURZELN UND EINBÄUME

Chamisso-Preis & Poetikdozentur

THELEM
2024

Herausgegeben für die *Sächsische Akademie der Künste* und *Bildung und Gesellschaft e.v.* von Wolfgang Holler und Walter Schmitz

Bibliografische Information der Deutschen Nationalbibliothek
Die Deutsche Nationalbibliothek verzeichnet diese Publikation in der Deutschen Nationalbibliografie; detaillierte bibliografische Daten sind im Internet über http://dnb.d-nb.de abrufbar.

Bibliographic information published by the Deutsche Nationalbibliothek
The Deutsche Nationalbibliothek lists this publication in the Deutsche Nationalbibliografie; detailed bibliographic data are available in the Internet at http://dnb.d-nb.de.

ISBN 978-3-95908-715-5

Umschlagsgestaltung: Stine Wiemann unter Verwendung von »wolken tegen blauwe lucht«, Abraham Teerlink und einer Waldfotografie der Gestalterin

Gesamtherstellung: THELEM

Inhalt

DAS STREICHHOLZ

Erste Vorlesung

Ich möchte Ihnen von einer Begebenheit aus meiner Kindheit erzählen, die ins Familiengedächtnis eingegangen ist. Es ist Sonntag, die Gemeinde feiert in der evangelischen Kirche des Dorfes Semlak Gottesdienst, auf der einen Seite sitzen Männer, auf der anderen Frauen, die Bänke sind hellgrün; jenes Grün, das so typisch ist für die ganze Region, für eine ganze Epoche. Die Kirchendecke ist mit dunklen Sternen ausgemalt. Die Glöcknerin wartet an der Eingangstür, die Organistin auf der Empore, die Gottesdienstbesucher hören zu, räuspern sich, nehmen Gesangbücher in die Hände – Geräusche, die jeden Gottesdienst begleiten, die Stille grundieren. Der Pfarrer ist jung, gerade einmal Mitte zwanzig, hat dunkles, fast schwarzes Haar und einen Vollbart. Plötzlich ist lautes Hämmern an der Kirchentüre zu hören. Jemand trommelt mit den Fäusten gegen die Tür. Alle wenden sich um, der Pfarrer hält inne. Eine Kinderstimme verlangt den Vater. Die Klinke ist zu hoch; das Kind kann die Tür nicht aufstoßen.

Weder mein Vater noch meine Mutter erinnern sich daran, wer sich meiner angenommen hat. Jemand muss mich nach Hause gebracht haben. Meine Mutter war nicht in der Kirche, sie wurde sonntags gern für verschiedene Arbeiten, etwa Telefondienst im Rathaus, eingespannt. Eine von zahlreichen Schikanen, die man sich für Leute, die nicht in der Partei waren, ausdachte. Niemand weiß, warum es mir in den Sinn kam, den Vater sprechen zu wollen, während er Gottesdienst hielt. Mein Vater sagt, er sei nicht verärgert gewesen, eher belustigt. Ebenso die Gemeinde. – Über die acht Jahre, die wir im Banat lebten, gibt es die wildesten Geschichten. Wie bei allen guten Geschichten darf man daran zweifeln, ob sie sich genau so zugetragen haben oder ob die Erinnerung mit der Zeit eine gewisse Würze hineingebracht hat. Mir ist es gleich. Mir waren die Grenzen zwischen Wirklichkeit und Phantasie schon immer gleich, auch darüber will ich in dieser Poetikdozentur sprechen. Warum ich Ihnen von dieser Erinnerung erzähle? Ich glaube, dass Kunst immer mit Sehnsucht zu tun hat, vielleicht sogar Heimweh. Ein bestimmter Stil ist Ausdruck eines Lebensgefühls. Stil ist eben auch Klang, Gestimmtheit. Meine Kindheit im Banat und in Siebenbürgen ist getragen von einem Gefühl der unhinterfragbaren Zugehörigkeit, Verfügbarkeit, das ich so nie wieder gefunden habe, in keiner der zwölf Adressen, wo ich seither gewohnt habe. Alles war um meinetwillen da, und ich gehörte allem an. Diese Zugehörigkeit habe ich der Landschaft zu verdanken, der Dorfgemeinschaft und meinen Eltern. Mein Vater war als Pfarrer viel unterwegs, in Sitzungen und auf Besuchen, aber in meiner Erinnerung war er immer da; er gehörte nicht zu jenen Vätern, die erst am Abend müde aus Fabrik oder Feld heimkehrten. Er nahm mich schon früh zu Besuchen mit, zum Konfirmationsunterricht, in andere Gemeinden. Meine Mutter wiederum konnte ich in den Kindergarten begleiteten, wo sie als Erzieherin arbeitete; ein Kindergarten mit rumänischen und deutschen Gruppen, und den zeitweise auch Roma-Kinder besuchten. Das eigene Leben und das der Erwachsenen hatten Schnittmengen, waren aber keine Symbiose, immer war auch Abstand da, Unabhängigkeit. Wir lebten in einer in sich geschlossenen, in widrigen Umständen ausgehandelten Welt, in der es dennoch (oder gerade deshalb?) viel Zeit gab, Gemeinschaft. Die Türen unseres Hauses standen immer offen. Das ist nicht metaphorisch gemeint, es wurde nicht abgeschlossen, auch nicht in der Nacht.

Ich habe fünf Bücher geschrieben, alle führen nach Rumänien oder gehen von dort aus. Was zieht mich immer wieder in jene erste, verlorene Welt? Nostalgie ist es nicht, mangelnde Wertschätzung der jetzigen Welt auch nicht. Zuweilen gibt es Menschen, die fragen: »Warum schreiben Sie über Rumänien, Sie sind doch schon so lange hier?« Es gibt auch Menschen, die verlangen: »Schreiben Sie über etwas anderes.« Warum es für mich diese Trennung zwischen Hier und Dort, zwischen Damals und Heute nicht gibt, auch darüber will ich zu ihnen sprechen. Ich vermute, dass es jene Zugehörigkeit ist, die ich beschwöre; jene unbedingte Teilhabe an der Welt, der Natur, den Jahreszeiten, dem Licht, den

Tieren, den Gerüchen, den Geschichten. Ich bin mit dem Gefühl aufgewachsen, ich lebte in der Mitte der Welt. Südosteuropa ist noch heute für mich die Mitte, mit jenem Sprachengemisch, Religionsgemisch, mit dieser veränderlichen Landkarte, den willkürlich verschobenen Grenzen, die den Menschen mitunter mehrere Male im Leben eine neue Staatszugehörigkeit zuwiesen. Diese Welt war immer eine vorläufige, veränderte sich mit jeder Generation, wie sollte sie jemals auserzählt sein? So habe ich mir die Erlaubnis erteilt, schreibend dahin zurückzugehen, so lange ich will und so lange mir jemand dahin folgt. Weil ich die Mitte erfahren habe, kenne ich den Rand. Ich mag den Rand wie die Mitte, von beiden Orten aus kann man sehr gut sehen.

Wahrscheinlich wäre ich nicht Schriftstellerin geworden (wobei dies kein abgeschlossener Zustand ist), wenn es diesen Verlust nicht gegeben hätte. Siebenbürgen und das Banat bleiben unvergängliche, imaginierte Orte. Das Anwesende und Abwesende sind gleich viel wert. In der Antike war das *sýmbolon* ein Erkennungsmerkmal, mit dem zwei Parteien sicherstellen wollten, dass sie einander wiedererkannten. Dazu wurde ein Knochen, ein Tongegenstand, eine Münze in zwei Teile geteilt, und jeder der beiden Partner erhielt ein Bruchstück. Sah man sich wieder, konnten die Teile passend zusammengebracht werden. Ein Symbol ist ein Zeichen, das auf etwas nicht Wahrnehmbares verweist. Jedes Schriftzeichen, jedes Bildzeichen, auch die Religion, gründet auf dieser Annahme. Das Wahrnehmbare verweist auf das, was nicht sichtbar ist. Weil die Fußspuren von Vögeln in Lehm aussahen wie Keilschrift, glaubten die Mesopotamier, dass sie die Gedanken der Götter lesen könnten, gelänge es, diese Zeichen zu entschlüsseln. Ich glaube an die Zeichenhaftigkeit der Welt. Bedeutung und Sinn entstehen, weil man sich in Beziehung setzt. Auch Lesen funktioniert so: es entstehen Verbindungen zwischen der Lektüre und mir, meinem Wissen, meinen Bildern. Auf ganz besondere Weise dann, wenn ein Text ins Unvollendete spielt, wenn er Lücken, Dunkelstellen hat und somit Platz lässt, für die Arbeit der Leserinnen und Leser. Es gibt das Anwesende und das Abwesende, das Zeichen und das, worauf es verweist. Aber es scheint, als würden wir in der Überbetonung des Materiellen, in unserem grenzenlosen Konsum und Wachstum, die geistige Welt vergessen. Was Literatur kann, ist uns an die andere Seite zu erinnern.

Ich war einmal zu einem Gespräch mit einem Politiker eingeladen, der in die Runde fragte, wann denn die Literatur auf die Herausforderungen der Gegenwart antworte. Ich frage mich: Warum sollte Literatur überhaupt auf politisch-gesellschaftliche Probleme antworten? Was wäre das für Literatur? Könnte nicht auch einmal Politik und Gesellschaft auf Literatur antworten? Aber dann müsste man den Wert von Kunst anders einschätzen, überhaupt an immaterielle Werte glauben, an die andere, unsichtbare Seite des *sýmbolon*. »This is not the time for poetry«[1] – mit diesen Worten wurde

2020 ein Interview mit der belarussischen Autorin Volha Hapeyeva in einem Internetportal abgelehnt. Die Lyrikerin setzt sich damit in ihrem Essay *Die Verteidigung der Poesie in Zeiten dauernden Exils* auseinander und fragt, ob nicht gerade Kunst ein Mittel des kritischen Denkens sei. Warum haftet der Poesie immer noch etwas Unseriöses, Verzichtbares an? Warum ist sie nur relevant, wenn sie im Dienst von etwas steht? Poesie ist keine Gegenwelt zur Wirklichkeit, sie ist auch keine Reaktion, sie ist nicht missionarisch, sie ist ein nie abgeschlossenes Gespräch mit anderen Büchern, Autorinnen und Autoren (lebenden und toten), sie ist eine Suchbewegung mit Mitteln der Sprache, sie ist an sich Wirklichkeit. Kunst geht in die Abstraktion, ebenso wie die Mathematik; sie ordnet das Chaos, von dem wir umgeben sind. Vielleicht ist sie sogar wahrer als die Wirklichkeit selbst.

Literatur verhandelt Möglichkeiten des Lebens. Milan Kundera schreibt in *Die Kunst des Romans*: »Der Roman ist das imaginäre Paradies der Individuen.«[2] Es sind einzelne Menschen, von denen erzählt wird, und es werden einem Perspektiven zugemutet, die den eigenen Erfahrungshorizont übersteigen. Dabei wird im besten Fall nicht generalisiert, und niemand ist alleinige Inhaberin von Wahrheit. Ein Roman zeigt die Komplexität des Lebens, er erforscht Möglichkeiten, nicht die sogenannte Realität – es ist erstaunlich, wie oft einem jemand mit der Wirklichkeit kommt. In schulmeisterlichem Ton wird angemahnt, dass in der *Unschärfe der Welt* an jenem Tag kein Fischverkäufer hätte zugegen gewesen sein können, um Florentine ins nächste Krankenhaus zu bringen, und im übrigen sei es keine Nachrichtensprecherin gewesen, die Ceaușescus Verhaftung im Dezember 1989 kundgetan habe, sondern ein Sprecher. Dabei geht es um Deutungshoheit und um jene Lust, ein wenig schlauer dazustehen als der andere, die Genugtuung, die man zu empfinden imstande ist, wenn man jemand anderen zurechtweisen kann. Grundlegende geschichtliche Wahrheiten sollten auch Romane nicht verfälschen, zumindest nicht, ohne explizit darauf hinzuweisen. Doch allein die Gattungsbezeichnung »Roman« oder »Film« macht deutlich, dass wir uns im Reich der Phantasie befinden. Der Regisseur Quentin Tarantino rettet Sharon Tate in seinem Film *Once Upon a Time in Hollywood*; der Autor Michael Köhlmeier lässt die großen Fragen der Menschheit von dem gewitzten, schier unsterblichen Kater Matou beantworten; der Tuchhändler und Geschäftsreisende Gregor Samsa wacht eines Morgens als Käfer auf. »Literatur ist Erfindung«, stellt Vladimir Nabokov in seinen Literatur-Vorlesungen klar, »Romane sind Fiktion – etwas Vorgestelltes, Erdachtes. Eine Geschichte als wahr zu bezeichnen, ist eine Beleidigung für Kunst und Wahrheit zugleich.«[3] Nabokov hatte großartige Einsichten für seine Studierenden parat. Er war davon überzeugt, Stil und Aufbau seien das Wesen eines Buches, »große Ideen sind großer Quatsch«.[4]

Er sagte, ein gutes Buch lese man weder mit dem Herzen, noch mit dem Gehirn, sondern mit der Wirbelsäule, also mit dem ganzen Körper, und dass Schreibende auch Zauberer sein müssten. Solche Übereinstimmungen sind beglückend. Vielleicht erinnern Sie sich an das letzte Kapitel meines Romans *Die Unschärfe der Welt*, das aus Livs Perspektive erzählt wird. Liv sagt darin: »Zaubern war zunächst einmal Handwerk. Dann war es Unterhaltung. Eigentlich war es Täuschen.«[5]

In der Literatur wird die Welt nicht erklärt – sie wird mir durch die Augen eines anderen gezeigt. Dabei bleibt die Erzählerin, der Erzähler sichtbar, wie rumänische Märchen augenzwinkernd zu Beginn klarstellen: »Es war einmal und ist doch nie geschehen.« Welterklärungen finden sich überall; Raum für eigene Deutungen bieten Geschichten, die keine eindeutigen Antworten geben und keine Gewissheiten verkünden. Poesie lässt Ambivalenz, Unsicherheit, Unschärfe zu. Ich mag eine gewisse Unschärfe. Mit dieser Vorliebe stehe ich in der Geschichte von Kunst und Literatur nicht alleine da. Marie Luise Kaschnitz berichtet in *Orte und Menschen* von einem Gespräch mit ihrem Augenarzt, in dem sie darlegt, warum sie ihre Brille nicht tragen will: »Mir gefällt das, sage ich, die Welt impressionistisch, ich bin auch eitel und nun schon daran gewöhnt. Wenn ich keine Brille aufhabe, sind die Menschen schöner, sie altern nicht, sie haben keine Krankheiten, vielleicht wissen Sie das gar nicht,

Doktor, und möchten es auch nicht kennenlernen. Sie wahrscheinlich lieben die Wirklichkeit, wollen alles genau sehen.«[6] Brillen halten einen an der Oberfläche der Dinge, lenken den Blick unablässig auf Kleinigkeiten. Anfang des 20. Jahrhunderts gab es augenheilkundliche Ärzte, die die These vertraten, dass die *Myopie* die ideale Sehschärfe der Maler sei. Kurzsichtige würden ihre Umwelt ruhiger wahrnehmen, was zur Kontemplation und im weiteren zu Künstlertum disponiere.[7] Sollten Sie kein *Myope* sein, und somit zum ständigen Wahrnehmen aller Einzelheiten verdammt, müssen Sie nicht verzweifeln – es lässt sich einiges dafür tun. Lange und mit unzureichender Beleuchtung lesen, den ganzen Tag auf den Computer starren, zur Freude Ihrer Kolleginnen und Freunde durchgängig Schriftgröße 8 benutzen. Unscharfes Sehen egalisiert die Dinge. Ist das nicht herrlich? In unserem Alltag sind wir gefragt, schnelle Antworten zu haben, ökonomisch-pragmatisch zu handeln; im täglichen Leben verlassen wir uns auf den Verstand, Logik und Eindeutigkeit. Weil wir Sicherheiten brauchen, übernehmen wir Dinge, die jenseits unserer eigenen Erfahrung liegen. Auf einer tieferen Ebene – denken wir an die Quantenphysik oder Kosmologie – scheint es Eindeutigkeit hingegen nicht zu geben, es gibt immer nur einen Grad der Gewissheit, eine Wahrscheinlichkeit. Schreibenden genügt die Wahrscheinlichkeit, die Möglichkeit, dass es sich so hätte zutragen können.

Das Zimmer behütet mich
da ich es hüten muss

Kommt stückweis die Welt
an mein Fenster
Pappeln Sperlinge Wolken

Briefe von alten und fremden Freunden
besuchen mich täglich

Die Zeit
ein Gespräch

Wirklichkeit
sagst du
ich sage
Traum[8]

Nach einem Oberschenkelhalsbruch beschloss Rose Ausländer 1977, ihr Zimmer nicht mehr zu verlassen und sich aufs Schreiben zu konzentrieren. Die Welt kommt als Wolke, Vogel und Baum an ihr Fenster; Briefe treffen ein, Besuch. Das Zimmer zu verlassen ist nicht nötig, alles ist da, kommt zu ihr. In dieser Reduktion wird die Zeit selbst zum Gespräch, und diese elf Jahre in ihrem Zimmer sind von unglaublicher Produktivität geprägt. Vielleicht weil ihre Welt so klein wurde? Weil sich dadurch Verhältnisse umkehren? »Wirklichkeit / sagst du / ich sage / Traum.« Es gibt eine überwältigende Wirklichkeit, ein Begreifen jenseits des Denkens und

Urteilens, so bildhaft, flüchtig wie ein Traum. Unser Urteilsvermögen ist wichtig, unsere Fähigkeit, die Welt denkend zu ergründen; aber manchmal sind wir auf Ahnungen angewiesen, auf unser Gespür und Gefühl, auf intuitives Wissen. Fast immer, wenn es darum geht, eine wichtige Entscheidung zu treffen, und auch gerade beim Schreiben. Woran ich scheitere, mit jedem Text aufs Neue, ist die Erfahrung, dass ich mich zuallermeist in Wahrnehmungskonventionen bewege – ich erfahre die Welt nicht, wie sie ist, ich erfahre sie mit meinen vorgefertigten Meinungen, im Schlepptau meiner Biographie. Es ist schwer, etwas wirklich Neues zu denken und zu schreiben; nicht immer dieselben Erfahrungen zu machen, weil sich die Zukunft aus den Mustern der Vergangenheit wiederholt.

Er wolle malen, was er sehe, und nicht, was er wisse, hat William Turner einmal formuliert. Dabei ist es geradezu unmöglich, die Welt zu sehen, wie sie an sich ist, weil Sehen und Begreifen Anverwandlung ist, weil sich alles immerzu in unsere Gedanken einfärbt. Was mir hilft, ist, in die Stille zu gehen, die Stille zu suchen, ein wenig jenen Zustand herzustellen, dass die Welt nur stückweis zu mir kommen kann; ab und zu die Überfülle an Nachrichten, Menschen, Meinungen, Gesprächen, herunterzudimmen. Kreativität entsteht aus der Stille heraus. Damit meine ich nicht unbedingt ein akustisches Phänomen – Stille ist für mich die Kraft der Gegenwart. Stille ist die elementarste Sprache, die uns zur Verfügung steht. Im Schweigen sind Dinge und Erfahrungen noch nicht beurteilt, zergliedert, analysiert (und letztlich reduziert). Sie sind einfach da. Sie sind groß, überwältigend, mitunter widersprüchlich. Fürs Schreiben bedeutet dies: Nicht nur Worte sind wichtig, sondern auch der Raum dazwischen, der Raum drumherum.

In der Malerei gibt es in der Moderne die Tendenz, den Rand freizulassen. Das Bild zündet vom Rand her. Es zeigt nicht etwas, sondern das Bild zeigt sich! Das Bild wird selbst zum Ereignis, mit dem etwas in Erscheinung tritt. Die Pinselstriche sind sichtbar, ihre Spontaneität, Wucht, Feinteiligkeit; manche Stellen der Leinwand bleiben unbemalt. Die Illusion wird durchbrochen. Ich schreibe mit offenen, unbeschriebenen Rändern; in der Hoffnung, dass meine Geschichten sich über den Bildraum fortsetzen und deutlich wird: Trotz seiner Komplexität ist alles nur ein Ausschnitt. Ich wünsche mir, dass die Bilder sich mit den inneren Bildern der Leserinnen und Leser mischen, und so mit jeder Lektüre etwas ganz eigenes entsteht. Ich suche mir kein Thema, über das ich schreiben will, ich warte, bis sich Bilder einstellen. Ich habe bei der *Unschärfe* auf Florentine gewartet, und bei den *Lichtungen* auf Lev und Kato. Wenn die Figuren da sind, über die ich schreiben will, versuche ich sie nicht zu etwas zu zwingen oder sie bloßzustellen. Das heißt: Immer auch ein wenig Abstand zu wahren, sie nicht auszudeuten; das, was sie tun oder lassen, möglichst nicht zu bewerten. Um sie kennenzulernen, benötige ich die Häuser, Zimmer und Gärten, in denen sie wohnen, denn auch die Dinge erzählen etwas über sie. Ich versuche, aus der Stille heraus zu schreiben, aus der Langsamkeit, und diese Zurücknahme im Text stehen zu lassen, indem manches nur angedeutet wird, manches unerklärt bleibt, durch Lücken, zeitliche Sprünge. Die Multiperspektive, aus der ich meine beiden letzten Romane erzählt habe, hat es zudem erlaubt, ganz nah an verschiedenen Figuren zu sein. Keine ist wichtiger als die andere. Ihre Geschichten sind ein Geflecht, das sich in die Tiefe hin entwickelt, immer wieder neue Perspektiven aufeinander eröffnen. Man kann in den Romanen eine Fülle an Querverweisen entdecken. In *So tun, als ob es regnet,* dass es letztlich Henri ist, der Bruder des österreichischen Soldaten Jakob, der Henriette ihren Namen gibt; in der *Unschärfe* etwa, dass der Name für den Regen, den Hannes im zweiten Kapitel sucht, von seiner Enkelin Liv gefunden wird. Es wird deutlich, was innerhalb von Familien weitergegeben wird, wo wir Produkte unserer Zeit sind, des gesellschaftlichen Systems, unserer Familie. Aber es gibt immer etwas, das unberührt bleibt, und diesen Kern, den haben alle Figuren, und vielleicht wird durch die Erzählweise etwas davon sichtbar.

Sie können sich natürlich fragen, ob es in letzter Konsequenz nicht besser wäre, gar nicht zu schreiben, wenn man die Offenheit und Stille so verehrt. Mascha Kaléko sagte dazu: »Mein schönstes Gedicht? / Ich schrieb es nicht. / Aus tiefsten Tiefen stieg es. / Ich schwieg es.«[9] Ich glaube daran, dass etwas von jener Stille und Offenheit (die im Übrigen auch Klang ist) in Texten wahrnehmbar ist. Das geschieht nicht, wenn jemand belehren will, wenn einer meint, zu wissen, wie alles ist, wie man zu leben hat, und auf überraschende Weise ganz gewiss zu sein scheint, wer er selbst ist. Im Gegenteil. Ich feiere, auch in der Literatur, jenen Typus, der sich hinten anstellt, der beobachtet, durchlässig ist, ein wenig ausgeliefert auch. Der spanische Tänzer Israel Galván beschreibt seine Kunst in einem Satz: »Ich zeige meine Verletzlichkeit.«[10] Schon seltsam, dass wir so bemüht sind, unsere Verletzlichkeit zu verbergen, dabei ist unsere Nahbarkeit, unsere Schönheit daran geknüpft. Mich interessieren die Dunkelstellen, der hinfällige Mensch. Einen Teil unserer Individualität müssen wir opfern, damit eine Gesellschaft funktioniert, es braucht Übereinkünfte, soziale Normen, etwa Höflichkeit. Ich bin ein Fan von Höflichkeit. Aber ich finde durchaus, dass manche Konventionen in Frage gestellt werden dürfen, dass es Momente gibt, in denen das Gefühl wichtiger ist als der Verstand und all die Zahlen und Gewissheiten, die wir auf den Thron gesetzt haben. Verbunden sein bedeutet, einander in unserer Schwäche, unserem Ausgesetztsein, unseren Unsicherheiten zu begegnen. Und das meine ich nicht anthropozentrisch, auch die Natur ist verletzlich, bedürftig, jedes Gewässer, jede Pflanze, jedes Tier. Wir haben uns so sehr an den unfassbaren Luxus gewöhnt, in dem wir leben, an den Reichtum der Natur, die uns umgibt, dass wir nicht mehr wahrnehmen, von was für einer atemberaubenden Gnade wir umgeben sind.

Wie sähe das Leben aus, wenn wir es als Traum begreifen würden? aus seiner Dunkelheit und Unergründlichkeit heraus? Ich glaube daran, dass das Sanftmütige, Durchlässige ebenso viel wert ist wie das Entschiedene; die Stille so viel wert ist wie das Sagen, der Verzicht wie das Haben; die Kunst des Beobachtens wie das bienenfleißige Tun. Dass es zwei Hälften gibt, eine materielle und eine geistige, und dass aus diesem Wissen heraus kluge Entscheidungen getroffen werden könnten. Aber ich bin fern davon, zu denken, dass sich die Welt in meinem Standpunkt erschöpft.

Die künstlerische Arbeit ist vielen Beschränkungen und Herausforderungen unterworfen: Sie ist abhängig von dem, was man weiß, was man nicht weiß, von den eigenen Erfahrungen, Hoffnungen und Illusionen, den Menschen, mit denen man sein Leben teilt. Sie ist abhängig von Schlaf, Träumen, Müdigkeit, Hunger, Krankheit, Unpässlichkeit und Launen, der Lichtstimmung am Fenster, der Temperatur im Zimmer, ob einen jemand mit seinem Rasenmäher oder dem Laubbläser quält, ob die Nachbarn Besuch haben, welche Musik sie hören. Sie braucht den Einfall ebenso wie die Recherche, das freie Drauflosschreiben wie das wiederholte Überarbeiten. Sie ist abhängig von eintreffenden Nachrichten, Anfragen, Rezensionen, Erwartungen, von Zuspruch und vom Zustand der Welt. Ich schreibe, weil ich dabei die Erfahrung mache, dass alles aus einem Ursprung kommt, über den ich nur bedingt verfüge. Poesie taucht auf, sie wird nicht gemacht. Eine Lampe wird gemacht, ein Fernseher, aber Literatur ereignet sich. Ich darf dabei sein, wenn sie sich ereignet, ich muss es aushalten, wenn sie sich nicht ereignet, ich muss darum ringen, dass sie gelingt. Ich setze mich nicht an den Schreibtisch, um nette Phantasien zu zeigen, und auch nicht, Eskapismus zu betreiben, sondern weil ich wissen will, wer wir sind und wer wir sein könnten. Weil die Arbeit mit Sprache unausschöpflich ist; weil es beim Schreiben jene Verbundenheit gibt (wie auch beim Lesen), die ich in den ersten Jahren meines Lebens kennengelernt habe. Und weil schreibend das, was mich bedrängt, angeschaut, geordnet und dann wieder in die Freiheit entlassen werden kann.

Die Texte des Dichters und Prosa-Autors Gerhard Meier kommen aus dem Dunkeln, ohne selber dunkel zu sein. Meiers Sprache und Literatur (für mich eine der größten Entdeckungen der letzten Jahre), ist eine tastende, umkreisende, inventarisierende; er verzichtet in seinen Romanen auf große Handlungsverläufe, setzt dafür auf innere Bildergalerien, beschwört Alltägliches, kleine Dinge, setzt Schauen an die Stelle von Selbstdarstellung. Was für ein Dunkel ist hier gemeint? Dunkelheit ist: das Chaos, das Unwägbare, Ungewisse hinter spärlichen Sicherheiten; die Angst zu scheitern, die Angst vor dem Tod, das Nicht-Wissen allen täglichen Nachrichten und Neuigkeiten zum Trotz. Dunkelheit scheint der eigentliche Urgrund unseres Lebens zu sein. Auch das Universum ist überwiegend dunkel und still – und wir machen eine Menge Lärm, um das zu vergessen. Friederike Mayröcker sagte in ihrer Rede anlässlich der Verleihung des Hörspielpreises der Kriegsblinden 1969: »Schreiben ist für mich nicht nur Analyse eines Atemzugs, eines Blicks, einer Reise an Orte der Kindheit, eines Tatbestands, sondern auch die Beziehung zur Verbalwelt von gestern und heute, es ist ein verbaler Umschlagplatz aller Erscheinungen oder Erfahrungen des Tages [...] also Intuition und Intellekt, Berauschung und Nüchternheit, mit Verschiebung des Schwergewichts.«[11] Dieses Nebeneinander, dieses »sowohl als auch«, dieser »verbale Umschlagplatz aller Erscheinungen oder Erfahrungen« – das ist Literatur. Warum eigentlich? Für die Beantwortung dieser Frage komme ich auf Gerhard Meier zurück. In einem Interview sagte er über seine Grundschullehrerin: »Auch diese Frau ließ mich gelten.«[12] Dieser Satz hat mich beschäftigt. Meier sagt nicht, dass seine Lehrerin ihn mochte, beschützte, förderte; gelten ist grundlegender, existenzieller. Wenn etwas gilt, hat es einen Wert, und es evoziert auch das Gegenüber – jemand anderer teilt den Wert zu. Dieser Satz kommt schlicht daher, ist es aber nicht; er spricht von Großzügigkeit, aber auch von Distanz. Man kann etwas gelten lassen, muss es weder ablehnen noch lieben. Diese Haltung entbindet von Heuchelei und übermäßiger Harmoniesucht. Wie es ist, nicht zu gelten, nichts zu gelten, wird Meier gekannt haben, der dreißig Jahre in einer Lampenfabrik gearbeitet hat und in dieser Zeit kein Buch anrührte. Menschen wie er sind der Welt ausgeliefert, doch das, was sie anfällt und bedrängt, erreicht eines Tages eine kritische Masse, dann muss es festgehalten, benannt werden, wenn man, wie Meier es lakonisch ausdrückt »nicht riskieren will, durcheinanderzugeraten.«[13] Die Erscheinungen drängen in Sprache, wir erfahren und deuten Erscheinungen in Sprache. Sprachliche Äußerungen erklären Wirklichkeit, reduzieren sie, verfehlen sie manchmal haarscharf. Diese Reduktion ist lebensnotwendig, wir würden verrückt werden ohne die Fähigkeit zu abstrahieren (auch: uns zu distanzieren). Wir begegnen der Welt aus überliefertem Wissen, mit unseren Bildern und Deutungen – und könnten uns ab und an fragen, ob sie wirklich so ist. Manches will unberührt bleiben, im Dunkel, manches wartet noch auf die richtige Benennung. Der Schriftsteller Philippe Jaccotet, den ich wegen seiner schwebend-präzisen Alltagsbeobachtungen schätze, schrieb: »Wenige Dinge sind nämlich so gesagt worden, wie sie es verdienten, denn die geheime Wahrheit der Welt ist eine flüchtige, und man darf nie aufhören, sie zu ergründen, sich ihr gelegentlich zu nähern, dann wieder auf Distanz zu gehen.«[14] Genau das kann Literatur, sie nähert sich den »geheimen Wahrheiten der Welt« und rückt dann wieder ab, statt sie zu bedrängen und in die Enge zu treiben, mit Begriffen, Konzepten, Festschreibungen.

Kunst braucht Offenheit, Verletzlichkeit, Sinnlichkeit. Sinnlichkeit heißt, dem Augenblick aus unserer Wahrnehmungsfähigkeit heraus zu begegnen, und nicht allein erlernten Konzepten und Deutungen zu trauen. James Baldwin schrieb in seinem Essay *Nach der Flut das Feuer*: »Sinnlich zu sein bedeutet für mich, die Kraft des Lebens, das Leben selbst zu respektieren und zu feiern und in allem, was man tut, präsent zu sein, von den Mühen des Liebens bis zum Brechen des Brots.«[15] Baldwin, der zeit seines Lebens genug Erfahrungen mit Ausgrenzung und Diskriminierung ob seiner Hautfarbe und sexuellen Orientierung hatte, glaubte an die Kraft der Sinnlichkeit. Sinnlichkeit ist Gegenwärtigkeit. Gegenwärtigkeit ist Freiheit. Ich versuche, meine Figuren über sinnliche Wahrnehmungen kennenzulernen und zu zeigen; ich stelle mir vor, dass die Leserinnen und Leser ihnen dann nahe kommen. Ich beschwöre den Traum, die Lücke, das Dunkel, und hoffe, dass der Blick, zumindest zuweilen, transzendiert wird. Die Grenze findet sich von selbst ein, ich muss nicht einmal etwas dafür tun. Es ist die Auflösung der Grenzen, um die ich mich bemühen muss. Ich lese, weil ich eigene Maßstäbe, ein umfassenderes Bild der Wirklichkeit erhalten möchte, weil es mir nicht genügt, die Welt nur so wahrzunehmen, wie ich es gelernt habe. Weil ich den Abgleich mit anderen Stimmen und Ansichten brauche.

Manchmal muss ich mich hüten vor dem Lesen. Wenn ich mitten in der Arbeit an einem neuen Manuskript stecke, lese ich nur ausgewählte Literatur, die unmittelbar mit meinem Erzählkosmos zu tun hat: entlegene Reisebeschreibungen, Lebenserinnerungen, Sammlungen von Sagen und Märchen. Es könnte sein, dass mich eine Lektüre so trifft, dass ich anfange, Bilder zu übernehmen, ähnlich zu schreiben, dass sich etwas von jener Satzmelodie auch in meinen Sätzen ablegt. Ich habe W. G. Sebalds Romane innerhalb von drei Monaten hintereinanderweg gelesen und war eine Weile gar nicht mehr fähig, jenseits jener eigentümlich verschachtelten Sebaldsätze zu denken und zu schreiben. Manchmal möchte ich ganz in einer bestimmten Schreibe, in einem bestimmten Klang versinken. Das hat dazu geführt, dass ich irgendwann alle Beatles-Alben chronologisch gehört habe, die Alben des italienischen Pianisten Ludovico Einaudi oder von Bruce Springsteen. In Sebalds *Die Ringe des Saturn* heißt es: »Tage- und wochenlang zermartert man sich vergebens den Kopf, wüsste, wenn man danach befragt würde, nicht, ob man weiterschreibt aus Gewohnheit oder aus Geltungssucht, oder weil man nichts anderes gelernt hat, oder aus Verwunderung über das Leben, aus Wahrheitsliebe, aus Verzweiflung oder Empörung, ebensowenig wie man zu sagen vermöchte, ob man durch das Schreiben klüger oder verrückter wird.«[16] Kann man es besser sagen? Ich glaube nicht. Der Lyriker Adam Zagajewski charakterisiert die Selbaldsprache als plastisch, selbstbewusst und melancholisch; er hat nur einen Kritikpunkt und formuliert in seinem Essay *Melancholisch und konkret* den großartigen Satz: »Dichter und Prosaschriftsteller betrachten das, was ist, im Licht eines Streichholzes.«[17] Egal wie verworren, dunkel, vergeblich die uns umgebende Welt zwischendurch erscheint, der Dichter hält der bestehenden Welt etwas entgegen – eine Idee, einen Traum, eine Hoffnung. Bei Sebald jedoch gibt es keine Rettung.

Es gibt einige Autorinnen und Autoren, die kein Streichholz zur Hand haben. Sebald gehört zu den wenigen Autoren, bei denen ich das aushalten kann, sogar mag. In seiner Literatur liegt die Asche der Geschichte herum, und die Lebenden und die Toten reichen einander die Hand. Die geistig-religiöse Welt bietet vielen Menschen keinen Trost, keine Perspektive mehr, und so schwindet auch das Bewusstsein dafür, dass der Verlust zum Leben gehört. Hier denke ich wieder an Nabokov, der in seinem Vortrag *Die Kunst der Literatur und der Normalverstand* 1941 an der Stanford-Universität sagte: »In gewissem Sinne stürzen wir alle in den Tod, vom obersten Stockwerk unserer Geburt den flachen Steinen des Friedhofs entgegen, und bestaunen zusammen mit einer unsterblichen Alice im Wunderland die Muster an der vorüberrauschenden Wand. Diese Fähigkeit, über Nichtigkeiten zu staunen – welche Gefahr auch drohen mag –, diese kurzen Abschweifungen des Geistes, diese Fußnoten im Buch des Lebens sind die höchsten Formen des Bewusstseins, und in genau dieser kindlich forschenden Geistesverfassung, die sich so sehr vom Normalverstand und von seiner Logik unterscheidet, wissen wir, dass die Welt gut ist.«[18] Ich bin mir durchaus bewusst, dass es für viele Ohren eine Zumutung sein mag, von dieser Welt als einer guten zu sprechen. Auch mir fällt das schwer.

Egal wo man ansetzt, in welcher Zeit und welcher Region, die Geschichte scheint aus nationalistischem Wahn, Verbrechen, religiösem Fanatismus, Machtbesessenheit und Raffgier zu bestehen. Aber ich will mich dem Dunkel nicht überlassen, nicht resignieren angesichts der Größe der angesammelten Schuld. Was wäre dann besser? Lieber will ich die Muster an der vorüberrauschenden Wand bestaunen. Lieber will ich lesend die Welt mit den Augen eines anderen Menschen wahrnehmen; und wenn es eines gibt, das ich wirklich bedaure, dann, dass ich nicht einen Tag dastehen kann als Baum, als Berg. Dass ich nicht probeweise die Wahrnehmung einer Amsel haben kann, eines Walfischs oder einer Katze. Ich werde niemals fähig sein, etwas anderes zu sehen als das, was ich gelernt habe, ich werde nie über dieses fortwährend gefilterte, eingefärbte Bild der Wirklichkeit hinauskommen, weil ich die Welt über meine Biographie und gesellschaftlichen Prägungen wahrnehme. Dieses seltsame Gebilde, das anderen als »Ich« entgegentritt, ist ein Wesen aus der Vergangenheit, aus gesammelten Erfahrungen, erlittenen Verlusten, aus bereichernden Begegnungen, Wegstrecken des Glücks, aus Müdigkeit und kurzen, aber intensiven Erfahrungen des Zeit-Enthobenseins. Ich wünsche mir ein Leben, das von Gegenwärtigkeit und Individualität geprägt ist, statt von Abgrenzung und übermäßiger Anpassung; ich träume von grenzenlosem Mitfühlen, allen lebendigen Kreaturen gegenüber. Wenn man einmal darüber nachdenkt, dann ist es, als stünde jeder

Mensch mit seinem eigenen Streichholz da, und das ergibt dann unzählige Lichtpunkte in dieser Dunkelheit, Verworrenheit und Ungewissheit, die uns umgibt.

DIE LICHTUNG

Zweite Vorlesung

Jeden Tag gibt es Momente, in denen mir bewusst wird, dass etwas vergeht, verschwindet. Das Herbstlaub erzählt davon, die Schnittblumen in der Vase. Die schwarze Katze kommt nicht mehr, ich sehe zum Küchenfenster, jedes Mal aufs Neue verwundert, dass sie nicht auftaucht. Im Regal steht das Akkordeon des Großvaters mütterlicherseits, sechs Jahre hat es ihn in russischer Gefangenschaft begleitet, auf der Kommode das Marienbild des Großvaters väterlicherseits, der sich das Malen selbst beibrachte und zu Perfektion brachte, so dass in die Ziegelgasse in Hermannstadt regelmäßig orthodoxe Priester kamen, um Ikonen bei ihm zu bestellen. Wem werden diese Dinge etwas bedeuten, wenn ich nicht mehr da bin? Meine Romane sind für mich auch Ding-Gedächtnisse, die Möglichkeit etwas aufzubewahren, zu verstecken, eine Inventur gegen das Vergessen. Auch das Licht findet in den Büchern Zuflucht, zuallererst das Licht. Es ist keine Kleinigkeit, Menschen, Dinge, Eindrücke in Bücher zu überführen, die so vielleicht eine Weile länger da sind, als man selbst. Wir können Briefe lesen, die Franz Kafka an seine Verlobte Felice Bauer schrieb, oder Eva Strittmatter an ihren

Mann Ernst Strittmatter. Wir erfahren dadurch etwas von Kafkas Schreibgewohnheiten, seinen Familienverhältnissen; wir wohnen eine Weile mit dem Ehepaar Strittmatter in Schulzenhof, können bei der Heuernte dabei sein, ihrem Schreiben. Wer wünscht sich nicht bisweilen, einen Moment festhalten zu können? Die Kunst kann das, ihr ist es möglich, auf mehreren Zeitebenen unterwegs zu sein – Vergangenheit, Gegenwart und Zukunft. Schreiben ist eine Rebellion gegen die Zeit und ihre größte Zumutung, die Vergänglichkeit.

W. G. Sebald schreibt in *Austerlitz:* »[W]ie wenig wir festhalten können, was alles und wieviel ständig in Vergessenheit gerät, mit jedem ausgelöschten Leben, wie die Welt sich sozusagen von selber ausleert, indem die Geschichten, die an den ungezählten Orten und Gegenständen haften, welche selbst keine Fähigkeit zur Erinnerung haben, von niemandem je gehört, aufgezeichnet oder weitererzählt werden [...]«.[19] Schreibende sind mitunter Chronisten ihrer Zeit, widmen sich Orten und Gegenständen, die selbst nicht erinnern, erzählen können. Nicht wenige Schreibende brauchen Orte, um überhaupt irgendetwas zu Papier zu bringen. Die Dichterin Marie Luise Kaschnitz hat diese Disposition so beschrieben: »Was das Gedächtnis hergibt, sind nur Orte, doch treten diese mit so großer Deutlichkeit hervor, als sei jedes dort gesprochene Wort, jede dort erlebte Empfindung Stoff geworden, Stein, Blattgrün und Wasserschleier, als sei es nur nötig, das Außen zu beschwören, um alles andere wieder Gestalt werden zu lassen.«[20] Manchmal genügt es, bestimmte Erinnerungen aufzusuchen (oder konkrete Orte als Flaneur, wie Sebald), um einen schier unerschöpflichen Fundus an Geschichten und Erfahrungen zu entdecken; diese können ein ganzes Dichterleben erhalten bleiben. Marie Luise Kaschnitz bezeichnete sich selbst als »ewige Autobiographin«[21], ihre Phantasie, ihre Vorstellungskraft war an bestimmte Lebensthemen und Landschaften geknüpft. In dem 1966 veröffentlichten Prosaband *Beschreibung eines Dorfes* erschafft sie ein Bild des süddeutschen Ortes Bollschweil, in dem sie als Jugendliche aufwuchs: Waldränder, Wasserläufe, Schwalbenflugvorbereitungen, Häuser, Straßen, Kirchenglocken, Obstbäume – alles wird beschrieben, als ob es darum ginge, der zuletzt imaginierten Naturkatastrophe die Kraft des Erinnerns entgegenzuhalten.

Ich kann mir derzeit noch nicht vorstellen, die Orte meiner Herkunft schreibend hinter mir zu lassen. Es gibt einen mehr oder weniger randständigen Grund, den ich bei dieser Gelegenheit verraten will: Ich habe eine Schwäche für Originale. Möglicherweise führen mich meine Geschichten immer wieder in die Vergangenheit, nach Transsylvanien, weil es dort Käuze gab und gibt. Ein Kauz ist ein Mensch, der seine Eigenheiten kultiviert, ein Sonderling. Die Käuze Südosteuropas, die ich kennenlernen durfte, haben einen derben, zupackenden Humor, mitunter wunderliche Routinen. Routinen gehen ihnen über alles. Das rührt teilweise an magisches

Denken, jenes Denken, bei dem angenommen wird, dass Gedanken, Worte und Handlungen Einfluss auf nicht miteinander verknüpfte Ereignisse nehmen. Gegenstände können Eigenschaften ihrer Besitzer aufweisen; es gibt Symbole und Amulette; bestimmte Leute haben besondere Kräfte usw. usf. Käuze kleiden sich wunderlich, sie reden wunderlich. Sie können unnachahmlich streng sein, mitunter stoßen sie einen vor den Kopf. Eines steht fest: Sie hätten nicht die geringste Chance auf dem Freiburger Wohnungsmarkt. Ich weiß nicht, wie es hier in Dresden ist, aber im Süden Deutschlands wird derzeit der perfekte Mensch gesucht. Mieter möglichst ohne Kinder, Nichtraucher natürlich, ohne Musikanlage, dafür mit geregeltem Tagesablauf, solvent, selbstverständlich. Ohne Haustiere, ganz wichtig. Durchaus ein Individuum, aber ohne nennenswerte Eigenheiten. Und selbstverständlich nicht kauzig. Was würden Vermieter über jemanden sagen, der Schlaflose aus der Nachbarschaft zu nächtlichen Treffen unter dem Nussbaum im Garten einlädt? Über jemanden, der allabendlich im Nachthemd einen Plausch vor dem Tor hält? Wenn etwas nicht passt, dann warten gleich hundert andere Bewerberinnen und Bewerber auf ihre Chance. Auf dem Land gibt es sie bisweilen noch, die Käuze und Eigenbrötler, die Dorfgemeinschaft ist noch bereit, sie zu tragen. In Siebenbürgen sitzen sie vor jedem zehnten Haus. Noch.

Neben dieser Vorliebe gibt es andere triftige

Gründe, schreibend in diesem Kulturraum zu verweilen. Das östliche Europa war vor den Weltkriegen durch das Zusammenleben von Menschen unterschiedlicher Sprachen und Konfessionen geprägt. Daraus muss man nachträglich keine Idylle machen, aber man kann es als Experiment betrachten, dem mehr oder weniger glückhafte Zeiten gegönnt wurden. Nationalität und Staatsangehörigkeit waren zwei verschiedene Dinge. (Weswegen es für Siebenbürger Sachsen oder Banater Schwaben verwunderlich ist, wenn sie als Rumänen bezeichnet werden.) Man war sich seiner eigenen ethnischen Zugehörigkeit bewusst, wie auch der ethnischen Vielfalt des Staates. Das Ringen um die eigene kulturelle, sprachliche Identität spielte eine große Rolle aufgrund der Erfahrung von Fremdherrschaft und Unterdrückung. Denn: Natürlich gab es immer eine Gruppe, die zahlenmäßig überlegen war, und der die Minderheiten im Land ein Dorn im Auge waren. Da konnte man sich dann nette Sachen ausdenken, wie bürokratische Zwangsmaßnahmen, Schul- und Sprachpolitik zur Demoralisierung der Leute. Nach dem Ersten Weltkrieg teilten die Siegermächte Europa neu auf. Dann kam die Katastrophe des Zweiten Weltkrieges. Der Völkermord in der Zeit des Nationalsozialismus, die Flucht vor der Roten Armee, die Vertreibungen nach Kriegsende. Etwa 12 bis 18 Millionen Deutsche aus dem östlichen Europa wurden vertrieben; in Rumänien durften sie, was durchaus ungewöhnlich war, bleiben.

Aber zunächst wurden ca. 70.000 Deutsche aus Rumänien in die damalige Sowjetunion zur Zwangsarbeit verschleppt. Herta Müllers Roman *Atemschaukel,* der Oskar Pastiors Lagererinnerungen verarbeitet, kann einen Einblick geben. Dann wurde die Bevölkerung Rumäniens enteignet, es folgte der Eiserne Vorhang, die Fluchten, Familienzusammenführungen, Auswanderungen. Wer mehr wissen möchte über Schikanen und Willkür, denen Auswanderer ausgesetzt waren, kann Johann Lippets *Protokoll eines Abschieds und einer Einreise oder Die Angst vor dem Schwinden der Einzelheiten* lesen. Jedes Kilo, das ausgeführt werden durfte, war festgelegt, und die Einfälle der Zollbeamten, um die Ausreisenden zu demütigen, waren phantasievoll. Dem Schriftsteller wurde noch am Bahnhof die Schreibmaschine weggenommen, einer Frau das geerbte Nähkästchen ihrer Mutter, wobei der Zöllner jeden einzelnen Knopf auf seine Ausreisefähigkeit hin prüfte, dem Kind (das jetzt als Erwachsene vor ihnen steht) sollten die Ohrringe, die es zur Taufe erhielt, abverlangt werden.

Wenn Menschen ihre Heimat verlassen, nehmen sie immaterielles Fluchtgepäck mit: Brauchtum, Dialekte, Konfessionen, Kochrezepte, Geschichten. Beginnt man woanders ein neues Leben, hat man entweder keine besonders eindeutige nationale Identität (weil man alles dafür tut, nicht weiter aufzufallen, dazuzugehören), oder man hält die Zugehörigkeit zu einer bestimmten Ethnie hoch. Meine Urgroßeltern waren österreichische, dann ungarische Staatsbürger; meine Großeltern königlich-rumänisch, dann wie meine Eltern sozialistisch-rumänisch. Die ersten acht Jahre war ich rumänische, seit achtunddreißig Jahren bin ich deutsche Staatsbürgerin. Die Überlagerungen dieser Epochen interessieren mich; sie durchdringen einander, verschwinden nie ganz. Ich habe das Aufwachsen in einem Sprach- und Religionsgemisch als bereichernd empfunden. In dem Banater Dorf, das Sie in der letzten Vorlesung kennengelernt haben, lebten etwa 6.000 Menschen, auf sechs Nationalitäten aufgeteilt: Slowaken, Serben, Rumänen, Deutsche, Ungarn und Roma. Es gab vier Kirchen, die evangelische, die reformierte, zwei orthodoxe Kirchen und ein katholisches Bethaus. Geht man in einen anderen Landesteil, etwa den Norden Rumäniens, wo mein neuer Roman spielt, war die Zusammensetzung wieder anders. Hier machte vor dem zweiten Weltkrieg die jüdische Bevölkerung in manchen Städten ein Drittel der Einwohner aus. Jede Kultur hat ein bestimmtes Bildinventar, bestimmte Erzählungen (mit großer regionaler Varianz natürlich); Einflüsse von anderen Kulturen führen dazu, dass diese Ordnungen erneuert werden. Man grenzt sich ab, übernimmt jedoch mit der Zeit Redewendungen, Gerichte, Gepflogenheiten des anderen. So ist es selbstverständlich, dass sich Ursula-Oma aus *Leuchtende Schatten* des ungarischen »Joi ischtenem« bedient, wenn sie seufzt; dass Samuel in *Die Unschärfe der Welt* zunächst auf Slowakisch zählt, oder Luise aus *So tun, als ob es regnet* ihrem Neffen neben den siebenbürgischen auch rumänische Märchen vorliest, weil sich in diesen, wie sie sagt, die ungleich größere Lust am Fabulieren zeigte. Ich mag Figuren die (neben ihrer Kauzigkeit), eine gewisse Offenheit haben, die nicht zuletzt aus der sprachlichen und religiösen Vielfalt erwächst, die Südosteuropa ausmacht. In Rumänien sind heute 18 ethnische Minderheiten offiziell anerkannt und im Parlament vertreten. Die Lesefibel wird in 14 Sprachen gedruckt: rumänisch, deutsch, ungarisch, armenisch, romanes, serbisch, kroatisch, polnisch, ukrainisch, türkisch, italienisch, französisch, bulgarisch und tatarisch.

Die Welt leert sich aus, und viel zu wenig kann festgehalten werden. Weder von den Schrecken zweier Ideologien, die das zwanzigste Jahrhundert an den Abgrund geführt haben, noch von den Zeichen der Menschlichkeit und Verbundenheit, die es trotz allem Hass und Wahn gegeben hat. Ist es nicht immer wieder erstaunlich, wie sich geschichtliche Ereignisse auf einen Abschnitt zusammenfassen lassen? Ich rebelliere gegen die Zeit – die lineare Zeit erscheint mir als Fehlinterpretation. Ich begreife die Zeit nicht in ihrer Zielgerichtetheit, sondern als Nebeneinander, Gleichzeitigkeit, als organisches Geflecht. Marica Bodrožić findet in ihrem Essay *Älterwerden – der Körper als Erzähler*, das Bild des Vogelblicks, in dem »die Zeit nicht horizontal, sondern vertikal zu uns spricht.«[22] Sie erinnert sich an die dalmatinischen Sommer ihrer

Kindheit, die sie auf dem Schuppendach verbrachte, um dort ganze Tage lang den »flimmernden Lichtschlaf des Sommers«[23] zu beobachten. In der vertikalen Zeit liegen Vergangenheit, Gegenwart und Zukunft auf einer Linie, wird jeder Ort zum Palimpsest, zur geschichteten Geschichte, in dem alles für immer gegenwärtig, wahrnehmbar ist. Das Sandtörtchen Madeleine bei Marcel Proust ist auch so ein vertikales Schlupfloch in der Zeit. Sinneswahrnehmungen sind wie geschaffen, uns zu Zeitreisenden zu machen. Wer kennt das nicht: eine Lichtstimmung, ein Duft, ein Geschmack katapultiert uns an einen anderen Ort, in andere Zeiten. Betrachtet man die Welt aus dem Vogelblick, als Gewebe aus Beziehungen, entsteht ein anderes Bild von Endlichkeit. Vielleicht endet ein einzelnes Leben, vielleicht verschwindet der Schatten der Katze an der Küchentür, vielleicht löst sich eine Gemeinschaft auf, die über achthundert Jahre am Karpatenbogen lebte, aber die Textur, das Gewebe, in die sie eingewoben war, bleibt. Schlimmer als das Verschwinden ist das Vergessen.

Wenn man schreibt, hat man zunächst einmal nur den Raum und die Zeit. Man stellt die Figuren in einen bestimmten Raum, sie bewegen sich durch die Zeit – das ergibt die Handlung. Diese ist eigentlich sogar verzichtbar bis zu einem gewissen Grad. Man muss Romane nicht mögen, in denen es kaum Handlung gibt, in denen jene Transparenz, Durchsichtigkeit herrscht, die fast nur mit Licht und Klang auskommt; Romane, die allein dazu dienen, dass jemand schaut, denkt, spricht und erinnert. Hermann Lenz ist da ein gutes Beispiel oder Gerhard Meier. In ihren Romanen verliert man zuweilen die Orientierung, weil die Handlung vernachlässigt, auf Chronologie verzichtet wird. Manche wollen solche Bücher nicht lesen, wollen nicht verloren gehen – dabei kann man ein wenig in die Unendlichkeit hinüberschauen mit solchen Texten. (Ebenso wie mit Lyrik, die ja vornehmlich Licht und Klang ist.) Generell ist es interessant, wie ein Text mit Zeit umgeht: Gibt es Vorausdeutungen, Lücken, Zeitsprünge, Rückblenden? Wie ist das Erzähltempo, also das Verhältnis von Lesezeit und erzählter Zeit? Wir müssen keine sieben Jahre mit Hans Castorp auf dem Zauberberg verbringen, je nachdem reicht dazu die Lesezeit von einer Woche. Manchmal sind Erzählzeit und erzählte Zeit gleich lang; bei der Wiedergabe direkter Personenrede oder im »stream of consciousness« (flüchtige, assoziativ angeordnete Bewusstseinsinhalte) etwa, wenn wir Leopold Bloom durch Dublin begleiten. Nicht zu vergessen die vielleicht größte Herausforderung: die Simultanität des Geschehens in die Linearität des Erzählens umzusetzen. Alles geschieht ja immer gleichzeitig! Die Philosophin Maria Zambrano schreibt über die Zeit: »Unheilbare Diskontinuität des Wissens aus dem Hören, getreues Bild des Lebens selbst, des eigenen Denkens, der diskontinuierlichen Aufmerksamkeit, der Unabgeschlossenheit alles Empfindens und Wahrnehmens und mehr noch alles Handelns. Und der Zeit selbst, die sprunghaft vergeht, die Lücken aus Zeitlosigkeit hinterlässt in Wellen, die sich verlaufen, in Augenblicken wie Funken eines fernen Feuers.«[24] An solchen Passagen kann ich lange kauen. Wie Zambrano deutlich macht, dass alles unabgeschlossen bleibt, und die Zeit »Lücken aus Zeitlosigkeit« hinterlässt, und wie diese Lücken in das Bild der Wellen und des Feuers gefasst werden. Ich kann mir nicht vorstellen, dass man solche Metaphern anders als schreibend finden kann.

Alles bleibt unabgeschlossen, nichts vergeht wirklich, und diese »Funken eines fernen Feuers«, sind das, was ich suche. Diese Funken sprühen in Lücken, Übergängen, dem Verborgenen, zunächst einmal. Wir haben ein episodisches Gedächtnis, es gibt keine Kontinuität der Erinnerung, wir vergessen den Großteil dessen, was unsere Tage ausmacht. Denken wir an unsere Vergangenheit, ragen einzelne Ereignisse wie Inseln aus dem Vergessen hervor. Dazu kommt das, was bereits Thema der ersten Vorlesung war: Wir nehmen die Welt durch die Brille unsere Biographie wahr. Der Autor Andrzej Stasiuk schreibt in seinem Roman *Die Welt hinter Dukla*: »[...] also hing das alles lange genug in der Luft, um ins Gedächtnis zu sinken; einen Abdruck zu hinterlassen wie Millionen anderer Bilder, die man dann in sich trägt und derentwegen der Mensch einem wirren Kaleidoskop gleicht und das Leben einer Halluzination, denn nichts von dem, was man betrachtet, ist was es ist.

[…] Nichts kann man anfassen, ohne gleich etwas anderes zu berühren. Wie in einem alten Haus, wo ein leiser Tritt genügt, damit zwei Zimmer weiter die Gläser in der Anrichte klirren. So funktioniert der Verstand, und so bewahrt er uns vor dem Wahnsinn, denn wie könnte man leben, wenn die Ereignisse in der Zeit stecken wie Nägel in der Wand.«[25] Menschen, Erfahrungen, Gedanken, Dinge berühren uns, gerade so lange, dass sie, vielleicht, einen Abdruck in unserem Gedächtnis hinterlassen. Anderes wiederum wird vergessen, und das ist gut eingerichtet, sonst würden wir verrückt werden. Das, was war, ist eine »unendliche Verführung«, wie Stasiuk sagt, und gleichzeitig ein schier unüberwindliches Hindernis – nichts kann man anfassen, ohne etwas anderes zu berühren. Und so läuft man seine Wege ab, stetig begleitet vom Gläserklirren der Erinnerungen.

In Gerhard Meiers Roman *Die Ballade vom Schneien* besucht Bindschädler seinen Freund Baur im Spital. Die beiden verbringen redend, erinnernd eine letzte Nacht, trinken Sekt, schauen dem Schneetreiben zu. Baur sagt auf seinem Sterbebett: »Und ich fragte mich, ob man am Ende lebe, um sich eben erinnern zu können, was jenes Verlangen erklären würde, [...] jenes verrückte Bedürfnis, zurückzuschauen oder mit dem Gestern zu leben oder immer wieder die Fäden in den Griff zu bekommen, die einen verbänden mit dem Verflossenen, Dahingegangenen, Unwiederbringlichen, das sich irgendwo aufgelöst haben müsste und das doch präsent, nicht wegzuschaffen sei, das dann irgendwie mit uns in die Erde gelegt werde, wo es sich auflösen, verflüchtigen oder miteingehen müsste ins Mineralische, Stoffliche, um dann in den Blumen, den Lilien zum Beispiel, den Astern, Märzenglöckchen, Vergissmeinnicht über uns wiederum präsent zu werden, als deren Duft zu verströmen.«[26] In diesen Meierschen Spiralsätzen, wie Peter Handke sie nannte, wird die Erinnerung zum Lebensprinzip erhoben. Gleichzeitig wird etwas anderes deutlich. Meier war von der Gewissheit durchdrungen, dass nichts statisch ist, Leben heißt Bewegung, Wiederholung. Und noch etwas hat mir die Beschäftigung mit Meier gezeigt: Widmet sich die Literatur allein dem Verfügbaren, Sichtbaren, dann bleibt sie im Augenblick verfangen, in der horizontalen Zeit. Erst wenn sie an das Unverfügbare rührt, in die vertikale Zeit geht, wird sie Poesie.

Die neun Musen, die Schutzgöttinnen der Künste, entstanden aus der Vereinigung von Zeus und Mnemosyne, der Göttin der Erinnerung. Die Erinnerung wird in diesem Mythos als Kraft installiert, die künstlerisches Schaffen bedingt. Ich huldige ihr, indem ich Lebensgeschichten sammle und in meine Romane flechte (die phantastischsten Stellen meiner Romane sind meist gelebtes Leben, wo man meinen könnte, hier sei nun aber wirklich die Phantasie mit der Autorin durchgegangen), ich beschwöre die Erinnerung, indem ich an Orte meiner Vergangenheit gehe, und insbesondere in dem Geschichtenfundus meiner Familie herumräubere. Ohne die Erinnerung gäbe es keine Literatur. Dennoch ist Erinnerung immer auch Festschreibung. »Wir erinnern uns daran, was wir gewesen sind und was uns zu dem gemacht hat, was wir sind. Zugleich werden wir zu dem, woran wir uns erinnern«[27], schreibt der Trappist Eric Varden in *Heimweh nach Herrlichkeit*. Identität setzt sich aus Erinnerung zusammen, ein Leben wiederum reiht sich in kleinen Erinnerungsinseln zu einer Biographie. Erinnerung ist selektiv, eigensinnig und widersprüchlich. Sich erinnern ist ein schöpferischer Akt, ebenso wie das Erzählen. Wir dürfen unserer Erinnerung mit einer gewissen Skepsis begegnen. Was wird aus der Vielzahl an Möglichkeiten hervorgehoben, was wird ausgelassen, verschwiegen? Wo fügen sich Erfahrungen nach und nach zu einem Narrativ? Wo wird Sinn gestiftet, wo wird verdrängt? Dieses Spiel aus Zeigen und Verbergen ist letztlich vielleicht nicht erfundener als irgendeine Geschichte.

Wir brauchen die Erinnerung, aber die Phantasie bringt etwas Zusätzliches ins Spiel, etwas Verrücktes: die Sehnsucht nach Neuanfängen, nach Auflösung der Grenzen; den Wunsch, alte Prägungen loszulassen, die Zukunft nicht nur aus Mustern der Vergangenheit zu erschaffen. In diesen Lücken in der Zeit ist alles noch offen. Dort werde ich überrascht, von einem Wort, einem Bild, einem Klang. Die Philosophin María Zambrano hat mir das Bild der Lichtung geschenkt: »Die Waldlichtung ist ein Zentrum, das zu betreten nicht immer möglich ist; […] Vielleicht ruft ein Vogel und lädt ein, den Weg zu gehen, den seine Stimme anzeigt. Und man folgt ihr; dann findet man nichts, nichts außer einem unberührten Ort, der sich in diesem einzigen Augenblick geöffnet zu haben scheint und der sich niemals wieder so darbieten wird. Man darf ihn nicht suchen. Man darf nicht suchen. Das Lehren die Waldlichtungen auf der Stelle: man darf sich nicht aufmachen, sie zu suchen und auch nicht, in ihnen etwas zu suchen. Nichts Bestimmtes, Vorgeformtes, Bekanntes.«[28] »Lichtung« ist ein Begriff des Forstwesens und der Schifffahrt. Holz lichten heißt, Bäume im Wald fällen, wobei man eine Lichtung öffnet. Die Lichtung ist durch Grenzen definiert, sie ist von dichtem, dunklen Wald umgeben; ein freier, von Bäumen geborgter Ort. Ein Ort auf Zeit, inmitten der Dunkelheit. Das Licht, das hier anzutreffen ist, ist nicht grell, ihm ist ein wenig Dunkel beigemischt. Die Lichtung hat etwas Offenes, das Weghafte ist darin angelegt, das Gehen. Mit diesen Überlegungen wird deutlich, warum sie ein Bild fürs Erzählen sein kann. Der späte Martin Heidegger (das habe ich erst nach der Entscheidung entdeckt, meinen neuen Roman *Lichtungen* zu nennen) machte »Lichtung« zum Schlüsselwort seiner Philosophie. Es gibt von ihm einen interessanten Kommentar zu einer Gedichtzeile Friedrich Hölderlins. In dessen Gedicht *Andenken* heißt es: »Es reiche aber, / Des dunklen Lichtes voll, / Mir einer den duftenden Becher.«[29] Heidegger schreibt dazu: »Die bloße Helle gefährdet das

Darstellen eher, weil die Helle in ihrem Schein den Anschein bei sich führt, sie allein verbürge schon die Sicht. Der Dichter bittet um die Spende des dunklen Lichts, worin die Helle gemildert ist.«[30] Ich finde das großartig. Das dunkle Licht erscheint mir ein ideales Lichtverhältnis zum Schreiben zu sein.

Ich möchte meinen Figuren möglichst unvoreingenommen begegnen; sehen, was sich verbirgt, zeigen, was vielleicht noch ungesagt ist, aber, und hier kommt wieder Heidegger ins Spiel: »nicht dadurch, dass es das Verborgene aus seiner Verborgenheit herauszureißen sucht, sondern allein dadurch, dass es das Verborgene in seinem Sichverbergen hütet.«[31] Worte verletzen, die alles ins grellste Licht zerren. In der Literatur, wie im Leben. Und während man im Letzteren kaum Fluchtmöglichkeiten hat, so lege ich Literatur beiseite, die das tut. Mit dunklem Licht zu schreiben ist durchaus mühsam, geradezu absurd, weil man sich darauf verlassen muss, dass einem die Dinge zur rechten Zeit gegeben werden, und man immer nur eine gewisse Wegstrecke vor sich sieht. Lichtungen begegnen einem zufällig. Man wird ganz gewiss scheitern, wenn man sich aufmacht, sie zu suchen, und schon im Vorhinein zu wissen meint, was man dort finden wird. Die Lichtung ist eine Überraschung, sie liegt irgendwo im Dunkel, hat dadurch aber einen tieferen Klang, ein mildes Licht. Solche Orte haben immer mit Aufbrechen zu tun, mit Losgehen, mit Finden, und hier spielt nun auch die Verwendung des Wortes in der Schifffahrt hinein. Das Grimmsche Wörterbuch sagt zu dem Verb »lichten«: »die hebung eines ankers aus dem grunde«. Den Anker lichten heißt, die ruhende Position zu verlassen, den Wind mitzunehmen und sich auf die Reise zu machen. Der Anker ist Heimathafen und zugleich Ankunft. Aber für die Ankunft muss man sich zunächst einmal auf den Weg machen – hinein ins Dunkel, ins Ungewisse.

Der bildende Künstler H.P. Grieshaber beschrieb seinen Arbeitsprozess so: »Ich stehe morgens sehr früh auf [...] Und dann sitz' oder steh' ich am Fenster und schau hier raus und lasse mich durch nichts ablenken, ich lese dann kein Buch und höre nicht Musik. Dann plötzlich bin ich weg, wie man so sagt, in den Brunnen gefallen. Ich bin einfach weg – und abends um sechs komme ich wieder raus aus der Werkstatt und bin von oben bis unten mit Farbe beschmiert. Was dazwischen passiert ist, das weiß niemand – außer denen, die mein Bild nachher an der Wand sehen.«[32] Mir gefällt das unscheinbare Wort »dazwischen«, das Grieshaber erwähnt, und ich habe es auch bei Marica Bodrožić entdeckt: »Und das Leisesein ermutigt einen in sich ruhenden und sich als richtig empfindenden Körper, alle Anspannungen loszulassen, damit das Dazwischen selbst sprechen kann.«[33] Das Alleinsein, das Leisesein scheint wie ein Signal, dass man empfangsbereit ist. Es klingt leicht, erfordert aber eine Menge Mut. Wer fällt schon gern in den Brunnen? Wer überlässt sich gern dem »Dazwischen«, einer Existenz, der so viel

Dunkelheit und Ungewissheit beigemischt ist? Es ist eher üblich geworden, alles ins grellste Licht zu zerren, jeder Fehler, jede Unvollkommenheit wird thematisiert. Warum diese Abgrenzung, diese übermäßige Schärfe? Und diese Hast. Wann sind Eindeutigkeiten so wichtig geworden, und warum gehen wir davon aus, dass sich die Wirklichkeit in zwei Seiten erschöpft?

Es gibt eine Superkraft, die uns davor bewahren kann, das Leben allein in Gegensätzen und Dichotomien zu begreifen. Der Religionsphilosoph Martin Buber hat sie »Innewerden« genannt; sie besagt, dass man lernt, den vielen Sprachen des Lebens zuzuhören. In seinen Schriften über das dialogische Prinzip heißt es: »Es muss keineswegs ein Mensch sein, dessen ich innewerde; es kann ein Tier sein, ein Gewächs, ein Stein. [...] Die Möglichkeitsgrenzen des Dialogischen sind die des Innewerdens.«[34] Hier kann man eine direkte Verbindungslinie zu Novalis ziehen, der die Chiffrenschrift des Lebens überall entdecken konnte, auf Flügeln, Eierschalen, Kristallen, im Schnee.[35] Und auch wenn es heute üblich geworden ist, die Frühromantik unter Kitschverdacht zu stellen, so will ich an die Radikalität ihrer Poetik erinnern. Sie lautet: Die Literatur stellt die Einheit zwischen Natur und Mensch nicht dar, sondern *her*. Der Anspruch der Romantik, die Welt durch Poesie zu verändern, beruht auf der Überzeugung zwischen dem Zusammenhang von subjektiver Wahrnehmung und objektiver Weltgestaltung.

Einfach gesagt: Die Welt ist so, wie wir sie sehen. Und ganz gleich, ob ich mich in der chinesischen Philosophie umschaue oder christliche Mystiker lese, ich finde immer wieder diese Erkenntnis – ich und Welt bestehen aus derselben Substanz: Bewusstsein, und sind letztlich nicht getrennt. Begreift man sich und die Welt als Einheit, erwächst daraus Mitgefühl, Verbundenheit und eine immer stärker werdende Gegenwärtigkeit. Um diese Präsenz zu trainieren, muss man in sich einen Rückhalt aufheben, und Buber sagt explizit, dass es dafür keine Worte braucht. Innewerden kann durchaus ein ermüdender Zustand sein, denn alles, wirklich alles spricht. Der Blick des bettelnden Mädchens in der Bahn ist mein Blick, das Leiden eines Straßenhundes in Rumänien ist mein Leid. Und wenn jemand einmal wieder einen Krieg anfängt, dann geht auch das mich unmittelbar an. Nicht insofern, als dass ich ständig meine Meinung kundtun muss, sondern indem ich in mir selbst das Dunkle anschaue, das gegebenenfalls, unter anderen Umständen und in einer anderen Zeit, zu Feigheit und Gewalt führen könnte.

Zwischen zwei Buchdeckeln liegt jedes Mal aufs Neue die Erfahrung, dass das, was ich habe oder mir wünsche, nicht selbstverständlich ist. Es gibt andere, denen fehlt, dessen wir uns rühmen: Gleichberechtigung, Wohlstand, Freiheit. Es gibt Kriege, in denen ein Menschenleben nichts gilt, und totalitäre Systeme, die imstande sind, das Schlimmste in uns hervorzuholen. Aber wir wähnen uns selbst gern auf der richtigen Seite, wir glauben überhaupt noch immer an Seiten. Dabei besteht die Wirklichkeit aus einem ständigen Nebeneinander an Erfahrungen, und das Nicht-Wissen ist so groß, dass man demütig sein kann – und ich meine all dies nicht mahnend, sondern staunend, vielleicht ein wenig ungläubig, angesichts des vorherrschenden Gestus des Wissens und Meinens. Den vielen Sprachen des Lebens zuzuhören, Innewerden, hilft auch gegen übermäßigen Konformitätsdruck. Wo Verbundenheit herrscht, darf man wieder ein Individuum sein, mit seinen Ansichten, seinen Macken.

Es ist gut, sich Verbündete in der Literatur zu suchen. In *Die Geschichte vom Kutscher Kandl von* Hermann Lenz heißt es: »Es wäre freilich überraschend, einmal einem Menschen zu begegnen, der frei leben konnte. Ein Traum und eine gutmütige Vorstellung; oder nur ein Wunsch [...] Ja, du bist ein Spintisierer, aber so gehört es sich für dich ... Und Kandl wunderte sich wieder einmal, weil viele um ihn (eigentlich die meisten) so arg tüchtig waren und sich beispielsweise drum bemühten, dass Fabriken liefen; ums Nachdenken schien sich niemand zu kümmern.«[36] Es wäre gut, wenn sich jeder wieder um sich selbst kümmerte, statt sich auf das zu konzentrieren, was alle anderen machen. Denn das Leben, und zwar jenes, das zu Erinnerungsinseln wird, zu den Funken eines fernen Feuers, ist woanders. In den Lücken von Zeitlosigkeit, wenn wir uns verbunden fühlen – mit uns selbst und mit dem, was uns umgibt. Wenn wir in Rom müde und ein wenig zerstreut in die Kirche San Luigi dei Francesi treten und vollkommen unvorbereitet vor Caravaggios *Die Berufung des Hl. Matthäus* stehen; wenn wir, für uns selbst überraschend, in den Bergen schreien, um das eigene Echo zu hören; wenn sich, in einem Abteil eines Eurocity, in dem man noch die Sitze zusammenschieben kann, und in dem wir eigentlich lieber allein geblieben wären, ein Gespräch entwickelt, das von Zürich bis Wien reicht; wenn wir in einem Buch auf einen Satz stoßen, der uns bis ins Innerste trifft; wenn wir in den Garten laufen, weil wir einen Igel gesehen haben oder das sachte Flügelrascheln einer Amsel uns aufstöbert; wenn man mit einem Mal meint, die Drehung der Erde zu spüren, während man in einem Feld voller Wiesenblumen liegt.

Anmerkungen
Erste Vorlesung

1 Volha Hapeyeva: *Die Verteidigung der Poesie in Zeiten dauernden Exils*. Verbrecher Verlag, Berlin 2022, S. 11.
2 Milan Kundera: *Die Kunst des Romans.* Fischer Taschenbuch Verlag, Frankfurt am Main 2010, S. 200.
3 Vladimir Nabokov: *Gute Leser und gute Autoren*. In: *Vorlesungen über westeuropäische Literatur.* Rowohlt Verlag, Reinbek bei Hamburg 2014, S. 41.
4 Ebd. S. 23.
5 Iris Wolff: *Die Unschärfe der Welt.* Klett-Cotta-Verlag, Stuttgart 2020, S. 194.
6 Marie Luise Kaschnitz: *Orte und Menschen*. Insel Taschenbuch, Frankfurt am Main 1991, S. 74.
7 Wolfgang Ullrich: *Die Geschichte der Unschärfe.* Verlag Klaus Wagenbach, Berlin 2009, S. 68.
8 Rose Ausländer: *Im Zimmer.* In: *Ich höre das Herz des Oleanders.* Gedichte 1977-179. S. Fischer Verlag, Frankfurt am Main 1984, S. 112.
9 Mascha Kaléko: *Mein schönstes Gedicht*. Zit. nach: www.goodreads.com/quotes
10 Aus: *Move!* Folge 3, Netflix-Serie.
11 Friederike Mayröcker: *Rede anlässlich der Verleihung des Hörspielpreises der Kriegsblinden* am 22. April 1969. In: Ernst Jandl, Gesammelte Werke 3, Luchterhand, Darmstadt u. Neuwied 1985, S. 154.

12 Gerhard Meier, Werner Morlang: *Das dunkle Fest des Lebens. Amrainer Gespräche*. Suhrkamp, Frankfurt am Main 1995. S. 25.

13 Ebd. S. 133.

14 Philippe Jaccottet: *Noch ist nicht alles gesagt.* Verlag Ulrich Keicher, Warmbronn 2011, S. 22.

15 James Baldwin: *Nach der Flut das Feuer.* DTV-Verlag, München 2019, S. 59.

16 W. G. Sebald: *Die Ringe des Saturn.* Fischer Taschenbuch Verlag, Frankfurt am Main 2007, S. 216 f.

17 Ebd. S. 116.

18 Vladimir Nabokov: *Die Kunst der Literatur und der Normalverstand.* In: *Vorlesungen über westeuropäische Literatur*. Rowohlt Verlag, Reinbek bei Hamburg 2014, S. 711.

Anmerkungen
Zweite Vorlesung

19 W. G. Sebald: *Austerlitz*. Fischer Taschenbuch Verlag, Frankfurt am Main 2006, S. 39.
20 Marie Luise Kaschnitz: *Orte und Menschen*. Insel Taschenbuch, Frankfurt am Main 1991, S. 30.
21 Ebd. S. 131.
22 Marica Bodrožić: *Älterwerden – der Körper als Erzähler*. In: *Poetische Vernunft im Zeitalter gusseiserner Begriffe*. Matthes & Seitz, Berlin 2019, S. 55.
23 Ebd. 54.
24 María Zambrano: *Waldlichtungen*. Suhrkamp, Frankfurt am Main 2022, S. 16.
25 Andrzej Stasiuk: *Die Welt hinter Dukla*. Suhrkamp Verlag, Frankfurt am Main 2017, S. 76f.
26 Gerhard Meier: *Die Ballade vom Schneien*. Suhrkamp Verlag, Frankfurt am Main 1985, S. 33f.
27 Eric Varden: *Heimweh nach Herrlichkeit*. Herder Verlag, Freiburg im Breisgau 2021, S. 20.
28 María Zambrano: *Waldlichtungen*. Suhrkamp, Frankfurt am Main 2022, S. 7.
29 Friedrich Hölderlin: *Andenken*. Zit. nach: www.hhesse.de/gedicht/friedrich-hoelderlin/andenken
30 Leonardo Amoroso: *Heideggers »Lichtung« als »lucus a (non) lucendo«*, S. 161. Zit. nach: www.philosophisches-jahrbuch.de
31 Ebd.

32 Hubertus Halbfas: *Der Sprung in den Brunnen.* Patmos Verlag, Düsseldorf 1996, S. 22.

33 Marica Bodrožić: *Älterwerden – der Körper als Erzähler.* In: *Poetische Vernunft im Zeitalter gusseiserner Begriffe.* Matthes & Seitz, Berlin 2019, S. 56.

34 Martin Buber: *Das dialogische Prinzip.* Gütersloher Verlagshaus, München 2021, S. 152.

35 Novalis: *Die Lehrlinge zu Saïs.* In: N*ovalis. Schriften, Band 1. Das dichterische Werk, Tagebücher und Briefe.* Wissenschaftliche Buchgesellschaft Darmstadt 1999, S. 201.

36 Hermann Lenz: *Die Geschichte vom Kutscher Kandl.* Nimbus Verlag, Wädenswil am Zürichsee, 2019, S. 19.

LUFTWURZELN UND EINBÄUME

Dankesrede zur Verleihung des Chamisso-Preises 2023 in Dresden

Bei einem öffentlichen Gespräch sagte eine Kollegin, dass es so etwas wie Wurzeln bei Menschen nicht gäbe. Dieses Konzept sei falsch, schließlich hätten Menschen, wie allgemein bekannt, Beine, und könnten, im Gegensatz zu Bäumen, umhergehen.

Die Bestimmtheit, mit der die Metapher der Wurzel angezweifelt, geradezu weggewischt wurde, erstaunte mich. Mir sind diese, manchmal für einen selbst überraschenden Statements nicht fremd, zu denen man sich auf Bühnen hinreißen lässt. Während einer Lesung in Bukarest begründete ich meine Skepsis gegenüber Kunstbegriffen wie »Rumäniendeutsch«, damit, niemanden zu kennen, der sich selbst so nenne. Für mich ist das ein artifizielles (sprachlich zudem nicht besonders klangvolles) Etikett, das man Menschen von Außen aufklebt, weil man doppelte Herkünfte und Kulturzugehörigkeiten in einen Begriff fassen will.

Nach der Veranstaltung kam eine Frau auf mich zu und sagte, sie habe einen rumänischen Vater und eine deutsche Mutter und würde sich als Rumäniendeutsche bezeichnen. Es wäre der einzige Begriff, der nur annähernd das zu fassen imstande sei, was sie als Reichtum und zugleich Zerrissenheit erfuhr. Die Scham, die ich empfand, rührte daher, dass ich, quasi von oben herab, ein Bild für ihre Identität in Frage gestellt habe. Einen Begriff, eine Metapher, die ihr hilft, die Summe ihrer Prägungen in einem Wort zu vereinen – damit es andere vielleicht verstehen.

Dass in einem Land verschiedene Ethnien leben, jede mit einer anderen Sprache, teilweise anderen Religionszugehörigkeit, scheint eine so abstrakte Idee, dass ich bis heute manchmal gefragt werde, wann ich Deutsch gelernt habe. Im Falle Südosteuropas ist es nicht leicht, dahinter zu kommen, welche Verflechtungen, Zusammengehörigkeiten es zwischen den Nationalitäten gab und welche Abgrenzung zugleich. Das Ringen um die eigene nationale, kulturelle, sprachliche Identität spielt eine andere Rolle, aufgrund der Erfahrung von Fremdherrschaft und Unterdrückung, deswegen sind feine Nuancen hier so wichtig.

Adelbert von Chamisso schreibt in seiner *Reise um die Welt*: »Aber man fährt wie eine abgeschossene Kanonenkugel über die Erde dahin, und wenn man heimkommt, soll man rings ihre Höhen und Tiefen erkundet haben.«[1] Ist es nicht erstaunlich, dass Chamisso seine dreijährige Schiffsreise, die er vor über zweihundert Jahren unternahm, so empfand? Wenn jemand einer abgeschossenen Kanonenkugel gleicht, dann sind es wir. Heute. Vielleicht führt das rauschhafte Unterwegssein, die Taktzahl der zu verarbeitenden Nachrichten, diese enorme Geschwindigkeit und Gefährdung unserer Welt zu einer gewissen Wurzellosigkeit. Ich kann durchaus nachvollziehen, dass andere Menschen dieses Konzept anzweifeln. Vielleicht, weil ihre Biographie diese Risse, dieses Wandern, diesen Verlust nicht aufweist. Dennoch würde ich ihnen gern ein Treffen mit meinem Großvater ermöglichen. Er gehörte nicht zu jenen, die sich in Nostalgie verloren. Er war für seine Familie ausgewandert, weil seine Tochter in Deutschland ärztliche Behandlung erhielt, weil Willkür und Repressalien, ebenso wie die allgemeine wirtschaftliche Not, die Hoffnung auf eine Zukunft in Rumänien zerstört hatten. Sprach er über Siebenbürgen, konnte man eine Ahnung davon erhalten, dass in diesem Land seine Wurzeln verblieben waren.

Mein Großvater mütterlicherseits war sieben Jahre in russischer Kriegsgefangenschaft. Er überlebte, weil er Akkordeon spielte, und damit selbst die Lager-Vorsteher unterhielt; weil er das Glück hatte, in die Küche eingeteilt zu werden, und dadurch etwas mehr zu essen bekam als andere Gefangene. Bei der Essensausgabe konnte er nur Hände und Tassen sehen, und so wurde mit Freunden vereinbart, dass eine rote Schnur deren Tassen offenbarte, damit der Großvater sie besonders voll machen konnte. Die Geschichte mit der roten Schnur hat mich beeindruckt, dieses kleine Zeichen der Verbundenheit und Hilfe in unmenschlichen Zeiten, in denen man sich selbst, um zu überleben, der nächste sein musste, und ich habe diese Episode in der Kurzgeschichte *Drachenhaus* verarbeitet. Mein Großvater kehrte zurück in sein Dorf, verschaffte sich mit sensationellen Tauschgeschäften (die mit einer geliehenen Kuh begannen), so viel Geld, um eine Färberei eröffnen zu können. Er färbte Tag und Nacht. Die Kundschaft kam von weither, Ungarn, Deutsche, Roma, Rumänen. Er heiratete meine Großmutter, die beiden zogen nach Hermannstadt, in ein Haus, das ich erst auf einer Reise in diesem Jahr bewusst wahrgenommen habe: Den Hinterhof, die bunten Häuser, Mauer an Mauer, die Stiege, die in den ersten Stock führte. Ich habe mir erlaubt, diesen Hinterhof, der so typisch für Siebenbürgen ist, (ein wenig verfallen, nachbarschaftlich geprägt, vor Blicken von der Straße geschützt) in meinen neuen Roman einzubauen, nur in eine andere Stadt versetzt.

Solcherlei Kassiber gibt es in meinen Büchern zuhauf. Da wir mit wenig Gepäck ausreisten, und vieles von dem, was zur Familiengeschichte gehörte, zurücklassen mussten, hat alles einen besonderen Wert. Kristallgeschirr, Bettwäsche, Handarbeiten, Gemälde meines Großvaters väterlicherseits, besagtes Akkordeon. Ich verstecke diese Dinge in meinen Büchern, meist nur für wenige erkennbar. Manchmal aber durchaus zur Irritation meiner Leser. Dass es etwa keine Färberei in Michelsberg gab, wie in meinem ersten Roman *Halber Stein*, darauf wurde ich mit Nachdruck aufmerksam gemacht. Bei der *Unschärfe der Welt* kam die Beschwerde, dass mitnichten durch ein Banater Dorf ein Fischverkäufer hätte fahren können. Ich habe keine andere Verteidigung als den Hinweis, dass es sich hierbei um Romane handelt. Ein Roman verhandelt, nach Milan Kundera, die Möglichkeiten des Lebens. Ein Roman erforsche nicht die Realität, sondern die Existenz.[2] Raskolnikovs Verbrechen hat es nie gegeben, Madame Bovarys Selbstmord hat nie stattgefunden, Robinson Crusoe musste keine 28 Jahre auf einer Insel überleben. Manche Leser beharren jedoch darauf, dass sich auch im Roman alles an seinem Platz befindet, und ihre eigene Erfahrung das Maß der Dinge ist. Wollen wir mit aller Konsequenz die sog. Wirklichkeit als Maßstab für Literatur ansetzen? Dürfen wir nurmehr über Dinge schreiben, die wir selbst erlebt haben? Wie schade für eine unserer kostbarsten Fähigkeiten, unsere Phantasie.

Meine Großeltern bauten ein Haus in der Honterusgasse in der Hermannstädter Unterstadt. Es ist ein Haus, das sich, obgleich ich es nur aus den Ferien kannte, sowie der Zeit, in der ich in Hermannstadt zur Schule ging, in meinen Körper übertragen hat. Ich kann mir die Obsession mit diesem Haus nicht recht erklären, doch es ist immer wieder so, auch in meinem neuen Roman (der in einer ganz anderen Gegend, im Norden Rumäniens spielt), dass es sich mit seinem Vorraum, in dem sich das gesellige Leben abspielte, der Sommerküche, der Werkstatt im Garten, in meine Bücher hineinschreibt. Liegt eine Figur im Bett, sitzt auf den Treppen, geht durch den Garten, gibt es genau drei Häuser zur Auswahl: Den Pfarrhof im Banat, auf dem ich aufgewachsen bin, das Haus der Großeltern väterlicherseits in der Ziegelgasse, wo die Handlung des Romans *Leuchtende Schatten* angelegt ist, sowie das Haus in der Honterusgasse. Für die Imagination braucht es Räume; ich nehme die Häuser meiner Kindheit, und darüber hinaus andere, erfahrene Orte. Ich kann meine Figuren ohne den sie umgebenden Raum nicht denken. Die Orte sind ebenso wichtig wie sie.

Die Leserinnen und Leser sollen, wenn es nach mir geht, mit allen Sinnen anwesend sein in diesen Räumen, und etwas von der Verbundenheit spüren, die die Figuren zu den Orten haben. Das hat in meinen ersten Romanen dazu geführt, dass ich Räume recht detailversessen beschrieb, was mir heute freundlicherweise nachgesehen wird. Bei dieser Verwebung von Mensch, Architektur und Natur, ist es nicht weit bis zur frühromantischen Poesie. Novalis schrieb: »Eine Landschaft soll man fühlen wie einen Körper. Jede Landschaft ist ein idealischer Körper für eine besondre Art des Geistes.«[3] Ich habe nur eine vage Vorstellung davon, was diese »besondere Art des Geistes« sein könnte, aber ich fühle Landschaften wie einen Körper. Die Grenzen unserer Haut sind nicht die Grenzen unseres Selbst, und es lässt sich einiges dafür tun, um diese Begrenzungen aufzulösen: Gespräche helfen, Lektüre, Religion. Die Natur.

Dass die Wurzel-Metapher für mich lebendig ist, liegt vielleicht auch daran, welchen Stellenwert Pflanzen für mich haben. Pflanzen sind nicht unbeweglich, sie reisen mit Wind und Wasser, den Vögeln; sie wandern über Kontinente, durch die

Zeit. Für sie gelten keine Grenzen, sie sind mutig, stark, geduldig; sie sind soziale Wesen. In einem Wald sind sie durch ein unterirdisches Netzwerk aus Wurzeln und Pilzen miteinander verbunden. Über dieses Netzwerk kümmern sich die Erwachsenen um ihre Nachkommen. Unser Leben ist mit dem Leben der Bäume verbunden. Wir klopfen auf Holz, sprichwörtlich oder in einem Gerichtssaal. Die Ägypter legten ihre Toten in Einbäume, mit denen die Verstorbenen über die Wasserläufe der Unterwelt reisen konnten. Sind unsere Särge nicht auch solche Baumschiffe? Es gibt Bäume, die begrüße ich wie Freunde. Denke ich an Rom, dann denke ich an eine Zeder im Vatikan; denke ich an Camogli, dann denke ich an eine bestimmte Pinie. Und es gibt eine Geschichte von einer Akazie in der Wüste Ténéré, der südlichen Sahara, einer der heißesten, trostlosesten Gegenden der Welt, die mich nicht anders berührt wie die Geschichte eines Menschen. Über drei Jahrhunderte war diese Akazie im Umkreis von 400 Kilometern die einzige Pflanze in einem Meer aus Sand. Sie war ein wichtiger Orientierungspunkt für Karawanen, ihre Wurzeln reichten, wie man später herausfand, 45 Meter in die Tiefe. Sie war ein Wunder, eine einsame Überlebenskünstlerin, bis ein LKW-Fahrer es 1973 schaffte, sie anzufahren, und so ihrem Leben ein Ende setzte.[4]

Es ist bekannt, dass wir in unserer Sprache auf Terminologien aus dem Pflanzenreich zurückgreifen. Eine Idee trägt Früchte, eine Theorie ist unausgereift, kann fruchtbar sein.[5] Metaphern übertragen einen

Ausdruck von einem in einen anderen Sinnbereich – niemand würde auf die Idee kommen, einen Urlaub auf einer Verkehrsinsel zu buchen. Desgleichen Verwirrungen finden auch nicht statt bei: Buchrücken, Stadtkern, Flussarm oder Flaschenhals. Die Metapher ist kein Vergleich. Sie sagt nicht, das Bauwerk sei wie eine Insel, sondern sie setzt das Bauwerk mit einer Insel gleich. Sprache ist immer metaphorisch; wir konzeptualisieren die Zeit, den Krieg, die Liebe, das Argument. Dabei bewegen wir uns in übernommenen Bildern, tradiertem Wissen. Denkt man einmal darüber nach, wie vieles man von dem, was man tagtäglich sagt, wirklich weiß, ich meine wirklich (!), wie viel davon aus der eigenen Erfahrung kommt, so wird man feststellen: nicht viel. Wir begegnen der Welt mit unseren Bildern und Deutungen – und könnten uns ab und an fragen, ob sie wirklich so ist. Von Wurzeln zu sprechen, wenn man über Heimat spricht, deutet Herkunft, als ob es keine Neuanfänge gäbe, als müssten wir bleiben, wo wir geboren und aufgewachsen sind. Jede Metapher lenkt den Blick, hebt bestimmte Eigenschaften hervor, lässt andere unberücksichtigt. Betrachtet man es so, lässt sich durchaus eine gewisse Wurzelmetapher-Skepsis entwickeln.

Vielleicht ist es, wie Volha Hapeyeva in ihrem Essay *Die Verteidigung der Poesie in Zeiten dauernden Exils* schreibt: »Wie Pflanzen können wir verschiedene Arten von Wurzeln haben; manche wachsen tief in die Erde, während andere, wie die von Orchideen oder Mangrovenbäumen, über dem Boden, in der Luft verbleiben.«[6] – Vielleicht gibt es, wie im Naturreich, Entdecker unter uns, Abenteurer, Wagemutige, die ihren Platz nur für eine bestimmte Dauer einnehmen; es gibt aber auch Sesshafte, Wanderunwillige. Wir könnten einen Heimatbegriff finden, in der die Erfahrung der Fremde ihren Platz hat. Muss man nicht fortgehen, um heimfinden zu können? Auch in der Fremde kann man bei sich Zuhause sein: »Ich hatte keine Angst. Ich war nicht verloren. Ich hatte mich selber. Entwurzelung macht frei«, sagt die österreichisch-israelische Autorin Anna Maria Jokl.[7] Heimat ist eben nicht nur Herkunft sondern auch Ankunft; ist der Weg auf sich selbst zu. Es wäre falsch, Herkünfte allein auf geographische Bezugspunkte zu reduzieren. In meinen Romanen, auch wenn sie sich einer verlorenen Welt zuwenden, geht es nicht nur um Bewahrung, Erinnerung, sondern um eine gewisse Weghaftigkeit, die Möglichkeit zu Verwandlung. Der Blick zurück ist notwendig, doch es kommt etwas Zusätzliches ins Spiel, etwas Verrücktes: die Sehnsucht nach neuen Anfängen. Orte prägen Menschen, formen sie, erfinden sie. Aber Herkunft ist auch Festschreibung, der es zu entkommen gilt. Schließlich will man die Zukunft nicht nur aus den Mustern der Vergangenheit erschaffen. Es ist ja genug, dass die Unbelehrbarkeit des Menschen, oder sagen wir besser, einzelner Menschen, für die Frieden immer etwas bleibt, was auf später verschoben wird, bis heute schier unendliches Leid verursacht.

Ich schreibe über meine Herkunft, weil ich mir

bewusst werden möchte, was mich zu dem Menschen gemacht hat, der ich jetzt bin, und wer ich künftig sein will. Ich möchte wissen, was mich in die Literatur geführt hat, den familiären, gesellschaftlichen, kulturellen und geistigen Kosmos erfassen, die Koordinaten, wenn Sie so wollen, in die mein Leben gelegt wurde. Und wie jeder Mensch, egal ob mit oder ohne Wurzeln, ob Deutsch oder Bindestrich-Deutsch, oder sonst eine Nationalität dieser Erde, will ich nicht vereinnahmt, festgelegt werden. Ich glaube – auch wenn sich das bisweilen anfühlt, wie ein verlorener Posten – an Sanftmut, geistige Freiheit. Ich glaube, dass wir Bilder, Metaphern, Symbole brauchen, um leben zu können; um diese Gleichzeitigkeit von Licht und Dunkel, Wissen und Nichtwissen überhaupt auszuhalten. Unser Leben ist ein Geheimnis, von dem nur ganz wenig ins bewusste Verständnis kommt. Eigenständigkeit, Unabhängigkeit gibt es nur für Augenblicke. Ich möchte diese Lichtungen in der Zeit finden, dort ist noch alles offen. Dort werde ich überrascht, von einem Wort, einem Bild, einem Klang. Dort gibt es Verbundenheit.

Und so möchte ich am Schluss den Schweizer Dichter Gerhard Meier zitieren, der eine so genaue Kenntnis der Wirklichkeit des Lebens hatte, wie ich sie bei keinem anderen erfahren habe, und diese mit Lakonie und Zurücknahme sprachlich fasst. Meier sagte, dass »die Dinge und das Leben so zutraulich [werden], wenn sie spüren, dass man sie nicht überwältigen oder beschlagnahmen will.«[8] Ist Poesie nicht gerade deswegen so wichtig, weil sie andere Qualitäten hervorhebt als die Alltagssprache, in der es oft gerade darum geht, andere zu bedrängen, zu dominieren, und mit geradezu unerträglichen Vereinfachungen die Welt zu erklären? Zwischendurch könnten wir also, nur für einzelne Momente, das Leben und die Menschen nicht zu etwas zwingen. Wir könnten ihnen die Bilder lassen, die sie zum Leben brauchen. Denn alles ist viel verbundener und durchscheinender als man denkt.

* * *

Mein Dank geht an die Jurorinnen und Juroren des Chamisso-Preises; an den Verein Bildung und Gesellschaft und seinen Präsidenten Professor Walter Schmitz; an die Sächsische Akademie der Künste (die mich im November zur Poetik Dozentur eingeladen hat), und ihren Präsidenten Professor Wolfgang Holler, sowie an alle weiteren Akteure und Unterstützerinnen. Danke, dass es diesen Preis gibt und auch dafür, dass sie uns so einen festlichen Abend schenken.

Carsten Hueck verdanke ich nicht nur seine wundervolle Laudatio, sondern manch einen lebensverändernden Buchschatz; meiner Lektorin Corinna Kroker möchte ich für die schier unerschöpfliche Liebe und Sorgfalt danken, mit denen sie meine Romanwelten begleitet, meinem Mann Andreas Thies und meinen Eltern Renate und Helmut Wolff für Geschichten, Inspiration und ihre Zuversicht, wenn ich sie einmal nicht habe. Es freut mich sehr, dass ihr, dass Sie alle heute Abend gekommen sind.

Vielen Dank für Ihre Aufmerksamkeit!

Anmerkungen

1 Adelbert von Chamisso: *Reise um die Welt.* Aufbau Verlag, Berlin 2001, S. 219.
2 Milan Kundera: *Die Kunst des Romans.* Fischer Taschenbuch Verlag, Frankfurt am Main 2010, S. 60.
3 Novalis: *Magische Fragmente.* Zitiert nach: www.projekt-gutenberg.org/novalis/fragmen1/chap023.html
4 Stefano Mancuso: *Die unglaubliche Reise der Pflanzen.* Klett-Cotta, Stuttgart 2020, S.110 ff.
5 George Lakoff und Mark Johnson: *Leben in Metaphern. Konstruktion und Gebrauch von Sprachbildern.* Carl-Auer Verlag, Heidelberg 2018, S. 60.
6 Volha Hapeyeva: *Die Verteidigung der Poesie in Zeiten dauernden Exils.* Verbrecher Verlag, Berlin 2022, S. 12.
7 Carsten Hueck: *Man ist alles Gewesene. Aus den sechs Leben der Schriftstellerin Anna Maria Jokl.* [Sendung aus der Reihe: Literatur]. Deutschlandradio Kultur, Sendetermin 18. Januar 2011.
8 Gerhard Meier und Werner Morlang: *Das dunkle Fest des Lebens. Amrainer Gespräche.* Suhrkamp, Frankfurt am Main 1995, S. 484.

ZEITTAFEL

1977	Iris Wolff wird in Hermannstadt / Sibiu, Siebenbürgen geboren, als Tochter eines Pfarrers und einer Erzieherin; sie wächst dort und in Semlak im Banat auf
1985	Emigration mit der Familie nach Deutschland, Baden-Württemberg
1997 bis 2003	Studium der Germanistik, Religionswissenschaft und Grafik & Malerei in Marburg an der Lahn
2003 bis 2013	Mitarbeiterin des Deutschen Literaturarchivs Marbach sowie freiberufliche Dozentin für Kunst- und Kulturvermittlung
2013 bis 2018	Koordinatorin des Netzwerks Kulturelle Bildung am Kulturamt in Freiburg
2012	*Halber Stein. Roman*
2015	*Leuchtende Schatten. Roman*
2017	*So tun, als ob es regnet. Roman in vier Erzählungen*
2020	*Die Unschärfe der Welt. Roman*
2024	*Lichtungen. Roman*

Iris Wolff lebt als freie Autorin in Freiburg im Breisgau. Für ihre Romane und Kurzgeschichten erhielt sie zahlreiche Stipendien und Auszeichnungen. Darunter den Marieluise-Fleißer-Preis, den Marie Luise Kaschnitz-Preis, den Solothurner Literaturpreis, den Evangelischen Buchpreis, den Preis der LiteraTour Nord sowie den Eichendorff-Literaturpreis. Ihr Roman *Die Unschärfe der Welt* war 2020 nominiert für den Deutschen Buchpreis und wurde unter die fünf Lieblingstitel des Deutschen sowie des Deutschschweizer Buchhandels gewählt. 2023 erhielt sie den Chamisso-Preis / Dresden und die damit verbundene Poetikdozentur in Dresden.

ZU DIESEM BAND

Die von der Sächsischen Akademie der Künste 2020 wieder aufgenommene Dresdner Chamisso-Poetikdozentur und der 2017 ebenfalls in Dresden auf Initiative des Vereins Bildung und Gesellschaft e. V. neu gestiftete Chamisso-Preis wurden 2023 zusammenführt.

Mit Chamisso-Preis und Poetikdozentur 2023 ausgezeichnet wurde Iris Wolff. In diesem Band werden ihre Dankesrede zur Preisverleihung am 27. Oktober und ihre beiden Vorlesungen vom 27. und 29. November 2023 veröffentlicht.

Zudem erscheint in 2024

ÜBER Iris Wolff
Herausgegeben von Walter Schmitz
13x21,5, Softcover, 160 S.
Dresden: Thelem 2024

ISBN 978-3-95908-716-2

Der Band enthält die Dresdner Reden zu Chamisso-Preis und Poetikdozentur von Wolfgang Holler und Christian Lehnert sowie der Laudatio von Carsten Hueck, Gespräche von Axel Helbig und Christian Lehnert mit Iris Wolff sowie Studien zu ihrem Werk von Elin Nesje Vestli und Walter Schmitz.